99 DUAS

PARA ATRAER EL BIEN, EL ÉXITO Y SALUD

TARIQ AL-HIKMAH

Indice

PREFACIO

بِسْمِ اللَّهِ الرَّحْمَٰنِ الرَّحِيمِ

وَقَالَ رَبُّكُمُ ادْعُونِي أَسْتَجِبْ لَكُمْ إِنَّ الَّذِينَ يَسْتَكْبِرُونَ عَنْ عِبَادَتِي سَيَدْخُلُونَ جَهَنَّمَ دَاخِرِينَ

Allah, en Surah Ghafir (40), versículo 60, dijo: "Y tu Señor dijo: Llámame, te escucharé. Ciertamente, aquellos que se enorgullecen de Mi adoración pronto entrarán humillados al infierno".

Esta palabra divina subraya la importancia de 'dou'ā' (دُعَاء) en árabe, que es al mismo tiempo adoración, petición de ayuda y apelación a Dios. Es una práctica que nos acerca a Allah, expresando nuestras necesidades y perseverancia en la oración, un proceso que Allah aprecia y alienta."

La práctica regular de du'ās nos acerca a Allah. En esta selección encontrará 99 du'ās, cuidadosamente elegidos por su brevedad y facilidad de memorización, perfectamente adaptados a la recitación diaria. Estas oraciones nos ayudan a mantener una conexión constante con Allah (swt), incluso en medio de los desafíos de la vida diaria. Al centrarnos en nuestra conexión espiritual con Allah (swt), cultivamos la atención plena y aprendemos a controlar nuestros pensamientos, calmando así nuestros miedos y preocupaciones.

Los invito a explorar y recitar estos du'ās con devoción.

¡Que Allah responda a tus oraciones!

Tu hermano en el Islam,

Tariq Al-Hikmah

1. DU'A AL DESPERTAR

آلْحَمدُ لِلهِ الَّذِي أحيَانَا بَعْدَ مَا أمَاتَنَا ى إلَيهِ النُّشُورُ

Alhamdoulillahi l-ladhî ahyânâ ba'da mâ amâtanâ wa ilayhi n-noushûr.

Traducción

"Alabado sea Allah, que nos devolvió la vida después de matarnos, y a Él le corresponderá la resurrección. »

Fuente: al-Bukhari (6312), Fath al-Bari (11/113) y Mouslim (2711, 4/2083).

2. DU'A CUANDO NOS VESTIMOS

اَلْحَمدُ للهِ الَّذِي كَسَانِي هَذَا الثَّوْبَ وَرَزَقَنِيهِ مِنْ غَيْرِ حَولٍ مِنِّي وَلَا قُوَّةٍ

Alhamdoulillâhi l-ladhî kasânî hadhâ th-thawbawa razaqanîhi min ghayri hawlin minnî wa lâ qouwwatin.

Traducción

"Alabado sea Allah, quien me adornó con esta prenda y me la proporcionó sin esfuerzo ni poder de mi parte. »

Fuente: Abou Dawoud (4023) at-Tirmidhi (2458) e Ibn Majah (3285).

3. DU'A CUANDO USAMOS ROPA NUEVA

اللَّهُمَّ لَكَ الْحَمْدُ أَنْتَ كَسَوْتَنِيهِ، أَسْأَلُكَ مِنْ خَيْرِهِ وَخَيْرِ مَا صُنِعَ لَهُ،

وَأَعُوذُ بِكَ مِنْ شَرِّهِ وَشَرِّ مَا صُنِعَ لَهُ

Allâhoumma laka-l-hamdou. Anta kasawtanihi. As'alouka min khayrihi wa khayri mâ souni'a lahou, wa a'oudhou bika min sharrihi wa sharri mâ souni'a lahou.

Traducción

"Oh Allah, alabado seas, eres Tú quien me has vestido con esto. Te pido por el bien de esta vestidura y por el bien de lo que fue hecho para ella, y busco refugio en Ti del mal de esta vestidura y del mal de lo que fue hecho para ella. »

Fuente: Abou Dawoud (4020) y at-Tirmidhi (1767) y al-Baghawi.

4. DU'A PARA DECIRLE A ALGUIEN QUE USA ROPA NUEVA.

تُبْلِي وَيُخْلِفُ اللهُ تَعَالَى

Toublî wa youkhlifou l-lâhou ta'âlâ.

Traducción

"Úsalo y que Allah, el Más Alto, te dé más. »

Fuente: *Abou Dawoud (4020, 4/41).*

5. DU'A CUANDO NOS DESNUDAMOS

بِسْمِ اللّهِ

Bismillahi.

Traducción

" En el nombre de Alá. »

Fuente: at-Tirmidhi (606, 2/505) y Sahih al-Jami' (3210, 3/203).

6. DU'A ANTES DE ENTRAR AL BAÑO.

(بِسْمِ اللّهِ)اللَّهُمَّ إِنِّي أَعُوذُ بِكَ مِنَ الْخُبْثِ وَالْخَبَائِثِ

(Bismillahi). Allâhoumma innî a'oudhou bika mina-l-khoubthi wa-l-khabâ'ith.

Traducción

"(En el nombre de Allah) Oh Allah, me refugio en ti de las malas y malas acciones (y de los malvados genios masculinos y femeninos). »

Fuente: Al-Bukhari (1/45), Muslim (1/283). Said bin Mansur informó sobre la incorporación de Bismillah al principio. Ver Fathul-Bari 1/244

7. DU'A CUANDO SALES DEL BAÑO

غُفْرَانَكَ

Ghoufranak.

Traducción

"Le pido perdón. »

Fuente: Abu Dawud, Ibn Majah y At-Tirmidhi. An-Nasa'i lo registró en 'Amalul-Yawm wal-Laylah. Véase también la verificación del Zadul-Ma'ad de Ibn Al-Qayyim (2/387).

8. DU'A CUANDO SALIMOS DE CASA

بِسْمِ اللهِ، تَوَكَّلْتُ عَلَى اللهِ، وَلاَحَوْلَ وَلَا قُوَّةَ إِلَّا بِاللهِ

Bismillâhi, tawakkaltou 'alâ l-lâhi, wa lâ hawla wa lâ qouwwata illâ billâhi.

Traducción

"En el nombre de Allah, he puesto mi confianza en Allah, no hay poder ni poder excepto a través de Allah. »

Fuente: Abu Dawud (4/325), At-Tirmidhi (5/490). Véase también Al-Albani, Sahih At-Tirmidhi (3/151).

9. DU'A CUANDO LLEGUEMOS A CASA

بِسْمِ اللَّهِ وَلَجْنَا، وَبِسْمِ اللَّهِ خَرَجْنَا، وَعَلَى اللهِ رَبِّنَا تَوَكَّلْنَا

Bismill ā hi walajn ā , wa bismill ā hi kharajn ā , wa `ala Rabbi ā tawakkaln ā .

Traducción

"En el nombre de Allah entramos, en el nombre de Allah salimos y en Allah nuestro Señor ponemos nuestra confianza. »

Fuente: *Abou Daoud (4/325). Musulmán (Hadith 2018)*

10. DU'A AL INICIAR LAS ABLUCIONES (WOUDOU)

بِسْمِ اللّهِ

Bismillahi.

Traducción

" En el nombre de Alá. »

Fuente : Abou Dawoud (101), Ibn Majah (399) y Ahmed (2/418). Véase también Irwa' al-Ghalil (1/122).

11. DU'A DESPUÉS DE SUS ABLUCIONES

أَشْهَدُ أَنْ لَّا إِلَهَ إِلَّا اللهُ وَحْدَهُ لَا شَرِيكَ لَهُ، وَأَشْهَدُ أَنَّ مُحَمَّداً عَبْدُهُ وَرَسُولُهُ

Ash-hadou an lâ ilâha illa l-lâhou, wahdahou lâ sharîka lahou, wa ash-hadou anna mouhammadan 'abdouhou wa rasoûlouhou.

Traducción

"Testifico que no hay más deidad que Allah, Aquel que no tiene pareja, y testifico que Muhammad es Su siervo y Su Mensajero. »

Fuente : Mouslim (234, 1/209).

12. DU'A AL SALIR DE CASA

بِسْمِ اللّٰهِ، تَوَكَّلْتُ عَلَى اللّٰهِ، وَلَاحَوْلَ وَلَا قُوَّةَ إِلَّا بِاللهِ

Bismillâhi, tawakkaltou 'alâ l-lâhi, wa lâ hawla wa lâ qouwwata illâ billâhi.

Traducción

"En el nombre de Allah, confío en Allah, no hay fuerza ni poder excepto a través de Allah. »

Fuente : Abou Dawoud (5094, 4/325) y at-Tirmidhi (3427, 5/490). Véase Sahih at-Tirmidhi (3/151).

13. DU'A AL VOLVER A CASA

بِسْمِ اللّٰهِ وَلَجْنَا، وَبِسْمِ اللّٰهِ خَرَجْنَا، وَعَلَى اللّٰهِ رَبِّنَا تَوَكَّلْنَا

Bismillâhi walajnâ, wa Bismillâhi kharajnâ, wa 'alâ l-lâhi tawakkalnâ.

Traducción

"En el nombre de Allah entramos y en el nombre de Allah salimos y en Allah ponemos nuestra confianza. »

Fuente : Abou Dawoud (5096, 4/325) y Mouslim (2018).

14. DU'A A LA ENTRADA DE LA MEZQUITA.

يَبْدَأُ بِرِجْلِهِ الْيُمْنَى [1] (، ويقول) :أَعُوذُ بِاللَّهِ الْعَظِيمِ، وَبِوَجْهِهِ الْكَرِيمِ، وَسُلْطَانِهِ الْقَدِيمِ، مِنَ الشَّيْطَانِ الرَّجِيمِ [2] (،)بِسْمِ اللَّهِ، وَالصَّلاةُ [3]. (وَالسَّلامُ عَلَى رَسُوْلِ اللَّهِ [4] [،)اللَّهُمَّ افْتَحْ لِي أَبْوَابَ رَحْمَتِكَ . [5]

A'oudhou billâhi-l-'azîmi, wa bi-wajhihi-l-karîmi, wa soultânihi-l-qadîmi, mina sh-shaytâni r-râjim. [Bismillahi, wa s-salâtou wa s-salâmou 'alâ rasoûli l-lâhi]. Allâhoumma ftah lî abwâba rahmatik.

Traducción

"Busco protección de Allah el Más Grande, de Su majestuoso rostro y Su reino eterno, de Satanás el maldito. En el nombre de Allah, que la oración y la paz sean con el Mensajero de Allah. Oh Allah, ábreme las puertas de Tu misericordia. » (Entramos a la mezquita con el pie derecho)

Fuente : [1] Al-Hakim (1/218) y autenticado con las condiciones de musulmán y ad-Dhahabi es de la misma opinión.

15. DU'A A LA SALIDA DE LA MEZQUITA.

(يَبْدَأُ بِرِجْلِهِ الْيُسْرَى [1] (وَ يَقُولُ) :بِسْمِ اللّهِ y الصَّلاةُ وَالسَّلامُ عَلَى رَسُولِ اللّهِ، اللهم إِنِّي أَسْأَلُكَ مِنْ فَضْلِكَ، اللهم اعْصِمْنِي مِنَ الشَّيْطَانِ الرَّجِيْمِ . [2])

Bismillâhi, wa s-salâtou wa s-salâmou 'alâ rasoûli l-lâhi. Allâhoumma innî as alouka min fadlika. Allâhoumma 'simnî mina sh-shaytani r-rajîm.

Traducción

"En el nombre de Allah, la oración y la paz sean con el Mensajero de Allah. ¡Oh Allah! Les pido su inmensa generosidad. Oh Allah, protégeme de Satanás el maldito. » (Salimos de la mezquita con el pie izquierdo)

Fuente : *[1] Al-Hakim (1/218), al-Bayhaqi (2/442) y al-Albani lo declararon hassan en Silsilah al-Ahadith as-Sahihah (2478, 5/624). [2] Ver takhrij del hadiz anterior (dua 20).*

16. DU'A TASHAHHOUD

التَّحِيَّاتُ لِلَّهِ، وَالصَّلَوَاتُ، وَالطَّيِّبَاتُ، السَّلَامُ عَلَيْكَ أَيُّهَا النَّبِيُّ وَرَحْمَةُ اللَّهِ وَبَرَكَاتُهُ، السَّلَامُ عَلَيْنَا وَعَلَى عِبَادِ اللهِ الصَّالِحِينَ، .أَشْهَدُ أَنْ لَا إِلَهَ إِلَّا اللّهُ، وَأَشْهَدُ أَنَّ مُحَمَّداً عَبْدُهُ وَرَسُولُهُ

At-tahiyyâtou li-l-lâhi, wa s-salawâtou wa t-tayyibâtou. As-salâmou 'alayka ayyouhâ n-nabiyyou wa rahmatou l-lâhi wa barakâtouhou. As-salâmou 'alaynâ wa 'alâ 'ibâdi l-lâhi s-sâlihîna. Ash-hadou an lâ ilâha illâ l-lâhou, wa ash-hadou anna mouhammadan 'abdouhou wa rasoûlouhou.

Traducción

"Los saludos son para Allah al igual que las oraciones y las buenas obras. Que la salvación sea contigo, oh Profeta, y la misericordia de Allah y Sus bendiciones. Que la salvación sea sobre nosotros y sobre los justos servidores de Allah. Testifico que no hay más dios que Allah y testifico que Muhammad es Su siervo y Su mensajero. »

Fuente : al-Bukhari (831, 2/311) y Muslim (402, 1/301).

17. DU'A PARA PROTEGERTE TODOS LOS DÍAS.

﴿اللّهُ لَا إله إِلَّا هُوَ الحَيُّ القَيُّومُ لَا ...﴾

Allâhou lâ ilâha illâ houwa-l-hayyou-l-qayyûm. Lâ ta khoudhouhou sinatoun wa lâ nawm, lahou mâ fî s-samâwâti wa mâ fî-l-ard. Man dhâ l-ladî yashfa'ou 'indahu illâ bi-idhnihi. Ya'lamou mâ bayna aydîhim wa mâ khalfahoum. Wa lâ youhîtûna bi-shay in min 'ilmihi illâ bi-mâ shâ a. Wasi'a koursiyyouhou s-samâwâti wa-l-ard. Wa lâ ya ûdouhou hifzuhoumâ, wa houwa-l-'aliyyou-l-'azîm.

Traducción

"El que diga esto (es decir, el versículo del trono) cuando se levante por la mañana estará protegido de los genios hasta la tarde, y el que lo diga por la tarde estará protegido hasta que se levante por la mañana. »

Fuente : al-Hakim (1/562) y al-Albani lo autentificaron en Sahih at-Targhib wa at-Tarhib (655, 1/273) y lo atribuyó a an-Nasai en 'Amal al-Yawm wa al-Laylah. (960) y at-Tabarani en al-Kabir (541) y dijo que la cadena de transmisión es buena.

18. DU'A ANTES DE DORMIR, ANTES DE ACOSTARSE

﴿ اللَّهُ لَا إِلَهَ إِلَّا هُوَ الحَيُّ القَيُّومُ ... ﴾

Allâhou lâ ilâha illâ houwa-l-hayyou-l-qayyûm.

Traducción

El Profeta (sallallahu 'alayhi wa sallam) dijo: "Cuando estés a punto de dormir, recita la aleya al-kursi, porque permanecerá sobre ti la protección de Allah y ningún demonio se acercará a ti hasta la mañana". »

Fuente : *al-Bukhari (2311, 4/487).*

19. DU'A CUANDO QUIERES PROTEGERTE ANTES DE DORMIR

أَعُوذُبِكَلِمَاتِ اللّهِ التَّامَّاتِ، مِنْ غَضَبِهِ وَعِقَابِهِ، وَشَرِّ عِبَادِهِ، وَمِنْ هَمَزَاتِ الشَّيَاطِينِ، وَأنْ يَحْضُرُونِ

A'oudhou bi-kalimâti l-lâhi t-tâmmâti min ghadabihi, wa 'iqâbihi, wa sharri 'ibâdihi, wa min hamazâti sh-shayâtîni, wa an yahdouroûni.

Traducción

"Me coloco bajo la protección de las palabras perfectas de Allah contra Su ira, Su castigo, la maldad de Sus criaturas y contra las incitaciones de los demonios y contra su presencia cerca de mí. »

Fuente : Abou Dawoud (3893, 4/12). Véase también Sahih at-Tirmidhi (3/171).

20. DU'A CUANDO TIENES UN MAL SUEÑO O UNA PESADILLA.

يَنْفُثُ عَن يَسَارِهِ (ثَلاثاً .)يَسْتَعِيْذُ بِااللهِ مِنَ الشَّيْطَانِ، y مِنْ شَرِّ مَا رَأَى (ثَلاثَ مَرَّاتٍ .)لَا يُحَدِّثُ بِهَا أَحَداً .يتحَوَّلُ عَنْ جَنْبِهِ الَّذِي كَانَ عَلَيْهِ

A'oudhou billâhi mina sh-shaytâni r-rajîm.

Traducción

"Resumen de qué hacer al ver un mal sueño : (1) Escupir a tu izquierda 3 veces. (2) Busca refugio en Allah de Shaytan y del mal de lo que has visto, 3 veces. (3) No cuentes el sueño. (4) Date la vuelta y duerme del otro lado de lo que eras antes. »

Fuente : al-Bukhari (7044) y Mouslim (2261, 4/1772).

21. DU'A JUSTO DESPUÉS DEL SALAM DE LA ORACIÓN AL WITR

سُبْحَانَ المَلِكِ القُدُّوسِ (ثَلاثَ مَرَّاتٍ)، y الثَّالِثَةُ يَجْهَرُ بِهَا وَيَمُدُّ صَوْتَهُ يَقُولُ :ربّ المَلائِكَةِ وَالرُّوح

Soubhâna-l-maliki-l-quuddousi. [Rabino-l-malâ ikati wa r-roûhi.]

Traducción

"Gloria y pureza al Soberano, el Digno de glorificación [3 veces, la 3ª vez alza la voz y agrega: Señor de los Ángeles y del Espíritu Santo]. »

Fuente : an-Nasai (3/244), ad-Daraqoutni (2/31) y la extensión entre paréntesis proviene de él y su cadena es sahiha (1/337).

22. DU'A CONTRA LA ANSIEDAD Y EL DOLOR

اللَّهُمَّ إِنِّي أَعُوذُ بِكَ مِنَ الهَمّ و الْحَزَنِ، والعَجْزِ والكَسَلِ، والبُخْلِ والجُبْنِ، وضَلَعِ الدَّيْنِ وغَلَبَةِ الرِّجَالِ

Allâhoumma innî a'oudhou bika mina-l-hammi wa-l-hazani, wa-l-'ajzi wa-l-kasali, wa-l-boukhli wa-l-joubni, wa dala'i d-dayni wa ghalabati r -rijâl.

Traducción

"Oh Allah, me pongo bajo Tu protección contra las preocupaciones y la tristeza, contra la incapacidad y la pereza, contra la avaricia y la cobardía, contra el peso de las deudas y la dominación de los hombres. »

Fuente: al-Bukhari (6363, 7/158), ver Fath al-Bari (11/173).

23. DU'A CUANDO ESTAMOS EN ESTADO DE PÁNICO.

لَا إِلَهَ إِلَّا اللّٰهُ الْعَظِيْمُ الْحَلِيْمُ، لَا إِلَهَ إِلَّا اللّٰهُ رَبُّ العَرْشِ العَظِيْمِ، لَا إِلَهَ إِلَّا اللّٰهُ رَبُّ السَّمَوَاتِ، وَرَبُّ الأَرْضِ وَرَبُّ العَرْشِ الكَرِيْمِ

L ā il ā ha ill ā -ll ā hu l-'A ẓī mu l- Ḥ al ī mu, l ā il ā ha ill ā -ll ā hu Rabbu l-'arshi l-'A ẓī m, l ā il ā ha ill ā -ll ā hu Rabbu s-sam ā w ā ti, wa Rabbu l-ar ḍ i wa Rabbu l-'arshi l-Kar ī m

Traducción

"No hay más dios que Alá, el Más Grande y el Más Misericordioso. No hay más dios que Alá, el Señor del Gran Trono. No hay más dios que Alá, Señor de los cielos y de la tierra y Señor del Trono, el Generoso. »

Fuente : al-Bukhari (6346, 7/154) y Mouslim (2730, 4/2092).

24. DU'A AL ENCONTRARSE CON UN ENEMIGO

اللَّهُمَّ إِنَّا نَجْعَلُكَ فِي نُحُورِهِمْ، وَنَعُوذُ بِكَ مِنْ شُرُورِهِمْ

Allâhoumma innâ naj'alouka fî nouhû rihim, wa na'oudhou bika min shouroûrihim.

Traducción

"Oh Allah, te invocamos contra su mal y lo dirigimos contra ellos mismos. Nos ponemos bajo Tu protección contra sus fechorías. »

Fuente : Abu Dawoud (1537, 2/89) y al-Hakim (2/142) y él lo autenticó y ad-Dhahabi es de la misma opinión.

25. DU'A POR MIEDO A LA OPRESIÓN DE LOS LÍDERES

اللَّهُمَّ رَبَّ السَّمَوَاتِ السَّبْعِ، و رَبَّ العَرْشِ العَظِيمِ، كُنْ لِي جَاراً مِنْ فُلَانِ بْنِ فُلَانٍ، و أَحْزَابِهِ مِنْ خَلائِقِكَ؛ أَنْ يَفْرُطَ عَلَيَّ أَحَدٌ مِنهُمْ أَو يَطْغَى، عَزَّ جَارُكَ، و جَلَّ ثَنَاؤُكَ، و لَا إِلَهَ إِلَّا أَنْتَ

Allâhoumma rabba s-samâwâti s-sab'i, wa rabba-l-'arshi-l-'a zîmi. koun lî jâran min (mencionar a la persona) wa ahzabihi min khalâ iqika, an yafrouta 'alayya ahadoun minhoum wa yatghâ.'Azza jârouka, wa jalla thanâ uka, wa lâ ilâha illâ ant.

Traducción

"Oh Allah, Señor de los 7 cielos, la tierra y el gran Trono, sé un protector para mí de fulano de tal, hijo de fulano de tal, y de sus aliados entre Tus criaturas, y de sufrir abuso o abuso. tiranía por su parte. Honrado sea Tu protegido, Exaltada sea Tu alabanza y no hay más dios que Tú. »

Fuente : al-Bukhari en al-Adab al-moufrad (707) y al-Albani lo autenticó en Sahih al-Adab al-moufrad (545).

26. DU'A PARA DERROTAR A LOS ENEMIGOS Y ADVERSARIOS

اللَّهُمَّ مُنْزِلَ الْكِتَابِ، سَرِيْعَ الْحِسَابِ، اهْزِمِ الْأَحْزَابَ، اللَّهُمَّ اهْزِمْهُمْ و زَلْزِلْهُمْ

¡Allâhoumma! mounzila-l-kitâbi, sarî'al-hisâbi! Ihzimi-l-ahzâba. Allâhoumma hzimhoum wa zalzilhoum.

Traducción

"Oh Allah, tú que has revelado el Libro, que eres puntual en Sus cuentas, derrota a los aliados. Oh Allah, derrótalos y hazlos temblar. »

Fuente : *Mouslim (1742, 3/1362).*

27. DU'A CUANDO TIENES MIEDO DE UN GRUPO DE PERSONAS

اللَّهُمَّ اكْفِنِيْهِمْ بِمَا شِئْتَ

Allâhoumma kfinîhim bimâ shi ta.

Traducción

"Oh Allah, perdóname de sus malas acciones en cualquier forma que te plazca".

Fuente : *Mouslim (3005, 4/2300).*

28. DU'A CUANDO DUDAMOS DE NUESTRA FE

أَعُوذُ بِاللَّهِ مِنَ الشَّيْطَانِ الرَّجِيمِ .

(1)يَسْتَعِيْذُ بِاللهِ

(2)يَنْتَهِي عَمَّا وَسْوَسَ فِيْهِ

A'oudhou billâhi mina sh-shaytâni r-rajîm.

Traducción

"Busco refugio en Alá del maldito Satán".

(1) Busque refugio en Allah con Shayťan.

(2) Renunciar a aquello que le cause tal duda.

Fuente : *Fath al-Bari (3276, 6/336). Musulmán (134, 214, 1/120).*

29. DU'A DESHACERSE DE UNA DEUDA

اللَّهُمَّ اكْفِنِي بِحَلَالِكَ عَنْ حَرَامِكَ، وَأَغْنِنِي بِفَضْلِكَ عَمَّنْ سِوَاكَ

Allâhoumma kfinî bi-halâlika 'an harâmika wa ghninî bi-fadlika 'amman siwâk.

Traducción

"Oh Allah, concédeme Tus posesiones legítimas para evitar que busque Tus prohibiciones y que Tu generosidad me alcance para evitar que recurra a nadie más que a Ti. »

Fuente : at-Tirmidhi (3563, 5/650). Véase también Sahih at-Tirmidhi (3/180).

30. DU'A POR NO DISTRAERSE EN LA ORACIÓN.

أَعُوذُ بِاللهِ مِنَ الشَّيْطَانِ الرَّجِيْمِ، (واتْفُلْ عَلَى يَسَارِكَ ثَلاثاً)

A'oudhou billâhi mina sh-shaytâni r-rajîm.

Traducción

"Me pongo bajo la protección de Allah contra Satanás el maldito".
(Chisporrotea 3 veces en el lado izquierdo)

Fuente : *Mouslim (2203, 4/1729).*

31. DU'A ANTES DE UN EXAMEN, UNA ENTREVISTA, MOMENTO DIFÍCIL.

اللَّهُمَّ لَا سَهْلَ إِلَّا مَا جَعَلْتَهُ سَهْلاً، وَأَنْتَ تَجْعَلُ الْحَزْنَ إِذا شِئْتَ سَهْلاً

Allâhoumma lâ sahla illâ mâ ja'altahou sahlan, wa anta taj'alou-l-hazana idhâ shi ta sahlan.

Traducción

"Oh, no hay nada fácil excepto lo que Tú haces fácil y, si quieres, puedes hacer fácil lo difícil. »

Fuente : Ibn Hibban en su Sahih (2427), Mawarid e Ibn al-sounni (351). Ibn Hajar dijo: "El hadiz es sahih. »

32. DU'A CUANDO HEMOS COMETIDO UN PECADO

مَا مِنْ عَبْدٍ يُذْنِبُ ذَنْباً فَيُحْسِنُ الطُّهُورَ، ثُمَّ يَقُومُ فَيُصَلِّي رَكْعَتَيْنِ، ثُمَّ يَسْتَغْفِرُاللّهَ إِلَّا غَفَرَ اللّهُ لَهُ

Traducción

"Realice la ablución según sea necesario, luego rece 2 unidades de oración. Pide perdón a Allah. »

Fuente : *Abou Dawoud (1521, 2/86) y at-Tirmidhi (406, 3006, 2/257). Al-Albani lo autenticó en Sahih Abi Dawoud (1/283).*

33. DU'A PARA AHUYENTAR AL DIABLO Y SUS SUSURROS (WASWAS)

.أَعُوذُ بِاللَّهِ مِنَ الشَّيْطَانِ الرَّجِيمِ

A'oudhou billâhi mina sh-shaytâni r-rajîm.

Traducción

"Buscad refugio en Allah. »

Fuente : *Abou Dawoud (1/206) y at-Tirmidhi. Véase también Sahih at-Tirmidhi (1/77).*

34. DU'A CUANDO NOS PASA ALGO

قَدَرُ اللّهِ وَما شَاءَ فَعَلَ

Qaddarou l-lâhi wa mâ shâ a fa'ala.

Traducción

"Allah ha decretado lo que quiere y ha hecho lo que quiere. »

Fuente : Mouslim (2664, 4/2052).

35. DU'A PARA FELICITAR A ALGUIEN CON MOTIVO DE UN NACIMIENTO

بَارَكَ اللهُ لَكَ فِي الْمَوْهُوبِ لَكَ، و شَكَرْتَ الْوَاهِبَ، و بَلَغَ أَشُدَّهُ، و رُزِقْتَ بِرَّهُوَيَرُدُّ عَلَيْهِ الْمُهَنَّأَ فَيَقُولُ: بَارَكَ اللهُ لَكَ، و بَارَكَ عَلَيْكَ، وجَزَاكَ اللهُ خَيْرَاً، وَرَزَقَكَ اللهُ مِثْلَهُ، وأَجْزَلَ ثَوَابَكَ

Bâraka l-lâhou laka fî-l-mawhoûbi laka, wa shakarta-l-wâhiba, wa balagha ashouddahou, wa rouziqta birrahou.Bâraka l-lâhou laka, wa bâraka 'alayka, wa jazâka l-lâhou khayran, wa razaqaka l-lâhou mithlahou, wa ajzala thawâbaka.

Traducción

"Que Allah bendiga lo que te ha otorgado (a este niño) y que estés agradecido con Aquel que te lo ha otorgado. Que él (este niño) alcance la plena madurez y que Allah le conceda un buen comportamiento hacia vosotros. » Respuesta de quien recibe la felicitación: "¡Que Allah te bendiga con todo lo que te ha concedido!" Que Allah os recompense con Sus gracias, os conceda un recién nacido como el mío y os dé una compensación abundante.

Fuente : an-Nawawi en al-Adhkar (p.349). Véase también Sahih al-Adhkar de an-Nawawi (2/713) de Shaykh Salim al-Hilali.

36. DU'A PARA PONER A LOS NIÑOS BAJO LA PROTECCIÓN DE ALLAH

أُعِيْذُكُمَ بِكَلِمَاتِ اللّهِ التَّامَّةِ، مِنْ كُلِّ شَيْطَانٍ وَهَامَّةٍ، وَمِنْ كُلِّ عَيْنٍ لاَمَّةٍ

U'îdhoukoum bi-kalimâti l-lâhi t-tâmmati min koulli shaytânin wa hâmmatin, wa min koulli 'aynin lâmmatin.

Traducción

"Busco protección para vosotros en las palabras perfectas de Allah contra todo demonio, contra todo animal (o cosa) dañino y contra todo mal de ojo. »

Fuente : al-Bujari (3371, 4/119).

37. DU'A PARA UNA PERSONA ENFERMA

أَسْأَلُ اللّٰهَ الْعَظِيمَ رَبَّ الْعَرْشِ الْعَظِيمِ أَنْ يَشْفِ ـيَكَ.

Como Aloulah Al Adhim Rabbal Archil Adhim An Yachfiyak

Traducción

"Le pido a Allah el Inmenso, el Señor del Inmenso Trono, que os sane.
»

Fuente : *Abou Daoud (3106)*

38. DU'A CUANDO EL PACIENTE SABE QUE VA A MORIR

اللَّهُمَّ اغْفِرْ لِي، وَارْحَمْنِي، وَأَلْحِقْنِي بِالرَّفِيْقِ الأَعْلَى

Allâhoumma ghfir lî, wa rhamnî, wa alhiqnî bi-r-rafîqi-la'lâ.

Traducción

"Oh Allah, perdóname, concédeme Tu misericordia y hazme unirme al Altísimo Compañero. »

Fuente : al-Bukhari (4440, 7/10) y Mouslim (2444, 4/1893).

39. DU'A CUANDO ESTÁS A PUNTO DE MORIR

لَا إِلَهَ إِلَّا اللّهُ

Lâ ilâha illâ l-lâh

Traducción

"Entrará en el Paraíso cuyas últimas palabras son: No hay más dios que Alá. »

Fuente : Abou Dawoud (3116, 3/190). Véase también Sahih al Jami' (6479, 5/432).

40. DU'A DURANTE UNA MUERTE O MOUSSIBA

إِنَّا لِلّهِ ﴿ و إِنَّا إِلَيْهِ رَاجِعُونَ، اللَّهُمَّ أجُرْنِي فِي مُصِيبَتِي، و أَخْلِفْ لِي خَيْراً مِنْهَا

Inna li-l-lâhi wa innâ ilayhi râji'ouna. Allahoumma journî mousîbatî wa khlouf lî khayran minhâ.

Traducción

"Seguramente pertenecemos a Allah y a Él regresaremos. Oh Allah, concédeme recompensa por mi desgracia y síguela (o compénsame con) algo mucho mejor. »

Fuente : *Mouslim (918, 2/632).*

41. DU'A AL CERRAR LOS OJOS DEL DIFUNTO

اللَّهُمَّ اغْفِرْ لِفُلانٍ (باسْمِهِ)، وَارْفَعْ دَرَجَتَهُ في المَهْدِيِّيْنَ، وَاخْلُفْهُ في عَقِبِهِ في الغَابِرِيْنَ، وَاغْفِرْ لَنَا وَلَهُ يَا رَبَّ العَالَمِيْنَ، وَافْسَحْ لَهُ في قَبْرِهِ وَنَوِّرْ لَهُ فِيْهِ

Allâhoumma ghfir li- (*nombre de la persona*) wa rfa' darajatahou fî-l-mahdiyyîna, wa khloufhou fî caqibihi fî-l-ghâbirîna. Wa ghfir lanâ wa lahou, iâ rabba-l-'âlamîna, wa fsah lahou fî qabrihi wa nawwir lahou fîhi.

Traducción

"¡Oh Allah, perdona a fulano de tal (*nombre de la persona*), eleva su rango entre los bien guiados, dale un sucesor en su descendencia, perdónanos y perdónalo, oh Señor y Maestro de los mundos! Ensancha su tumba y llénala de luz. »

Fuente : Hisn al-Muslim 155

42. DU'A AL OFRECER CONDOLENCIAS

إِنَّ لِلَّهِ مَا أَخَذَ وَلِلَّهِ مَا أَعْطَى، وَكُلُّ شَيْءٍ عِنْدَهُ بِأَجَلٍ مُسَمَّى...
فَلْتَصْبِرْ وَلْتَحْتَسِبْ. أَعْظَمَ اللَّهُ أَجْرَكَ، وَأَحْسَنَ عَزَاءَكَ، وَغَفَرَ لِمَيّتِكَ.

Inna li-l-lâhi mâ akhadha wa li-l-lâhi mâ a'tâ, wa koullou shay in 'indahou bi-ajalin mousammân... Fa-l-tasbir wa-l-tahtasib. A'zama l-lâhou ajraka, wa ahsana 'azâ ka, wa ghafara li-mayyitika.

Traducción

"Ciertamente a Allah pertenece lo que ha quitado y a Él también pertenece lo que ha dado, y todo para Él tiene un fin fijado de antemano... Ten paciencia y espera la recompensa de Allah. Que Alá aumente vuestra recompensa, os conceda el mejor pésame y perdone a vuestros difuntos".

Fuente : al-Bukhari (1284, 2/80) y Mouslim (923, 2/636).

43. DU'A CUANDO COLOCAMOS AL DIFUNTO EN LA TUMBA.

بِسْمِ اللهِ، وَعَلَى سُنَّةِ رَسُولِ اللهِ

Bismillâhi wa 'alâ sounnati rasoûli l-lâhi.

Traducción

"En el nombre de Allah y de acuerdo con la Sunnah del Mensajero de Allah"

Fuente : Abou Dawoud (3213, 3/314) con una cadena sahiha y Ahmed (2/40) con: (), la cadena también es auténtica.

44. DU'A DESPUÉS DEL ENTIERRO DE UN MUERTO.

اللَّهُمَّ اغْفِرْ لَهُ، اللَّهُمَّ ثَبِّتْهُ

Allâhoumma ghfir lahou, Allâhoumma thabbit-hu.

Traducción

"¡Oh Allah, perdónalo! Oh Allah, fortalécelo. »

Fuente : Abu Dawoud (3221, 3/315) y al-Hakim (1/370) y él lo autenticó y ad-Dhahabi es de la misma opinión.

45. DU'A AL VISITAR UN CEMENTERIO

السَّلَامُ عَلَيْكُمْ أَهْلَ الدَّيَارِ، مِنَ المُؤْمِنِيْنَ، وَالْمُسْلِمِيْنَ، وَإِنَّا إِنْ شَاءَ اللهُ بِكُمْ لَاحِقُونَ، [وَ يَرْحَمُ اللهُ المُسْتَقْدِمِيْنَ مِنَّا ي المُسْتَأْخِرِيْنَ] أَسْأَلُ اللهَ لَنَا وَلَكُمْ العَافِيَةَ

As-salâmou 'alaykoum ahla d-diyâri mina-l-mouminîna wa-l-Mouslimîna. Wa innâ in shâ a l-lâhou bikoum lâhiqûna [wa yarhamou l-lâhou-l-moustaqdimîna minnâ wa-l-mousta khirîna.] Como alou l-lâha lanâ wa lakoumou-l-'âfiyata.

Traducción

"Que la salvación sea sobre vosotros, habitantes de estas moradas, creyentes y musulmanes. Si Allah quiere, ciertamente nos uniremos a ustedes. Le pedimos a Allah que nos salve a nosotros y a vosotros. »

Fuente : *Mouslim (975, 2/671) e Ibn Majah (1547, 1/494). Lo que está entre corchetes proviene del hadiz de 'Aishah informado por Muslim (974, 2/671).*

46. DU'A DURANTE UNA TORMENTA O TORNADO

اللَّهُمَّ إِنِّي أَسْأَلُكَ خَيْرَهَا، وَأَعُوذُ بِكَ مِنْ شَرِّهَا

Allâhoumma innî como alouka khayrahâ wa a'oudhou bika min sharrihâ.

Traducción

"Oh Allah, te pido el bien (de este viento) y me pongo bajo Tu protección contra su mal. »

Fuente : *Abou Dawoud (5097, 4/326) e Ibn Majah (3727, 2/1228). Véase también Sahih Ibn Majah (2/305).*

47. DU'A CUANDO HAY UNA TORMENTA

سُبْحَانَ الَّذِي يُسَبِّحُ الرَّعْدُ بِحَمْدِهِ، وَالمَلائِكَةُ مِنْ خِيْفَتِهِ

Soubhâna l-ladhî yousabbihu r-ra'dou bi-hamdihi wa-l-malâ ikatou min khîfatihi.

Traducción

"Gloria y pureza a Aquel cuyo trueno le glorifica con su alabanza y también a los Ángeles con su temor. »

Fuente : Al-mouwatta (2/992) y al-Albani.

48. DU'A CUANDO CAE LA LLUVIA

اللَّهُمَّ صَيِّباً نَافِعاً

Allâhoumma sayyiban nâfi'an.

Traducción

"Oh Allah, que sea útil la lluvia. »

Fuente : al-Bukhari (1032, 2/518).

49. DU'A CUANDO DEJA DE LLOVER

مُطِرْنَا بِفَضْلِ اللهِ وَرَحْمَتِهِ

Moutirnâ bi-fadli l-lâhi wa rahmatihi.

Traducción

"Recibimos lluvia gracias a la bondad y misericordia de Allah. »

Fuente : *al-Bukhari (846, 1/205) y Mouslim (71, 1/83).*

50. DU'A CUANDO TENEMOS MIEDO DE LOS DAÑOS POR LLUVIA.

اللَّهُمَّ حَوَالَيْنَا وَلَا عَلَيْنَا، اللَّهُمَّ عَلَى الآكَامِ وَالظِّرَابِ، وَبُطُونِ الأَوْدِيَةِ، وَمَنَابِتِ الشَّجَرِ

Allâhoumma hawâlaynâ wa lâ 'alaynâ. Allâhoumma 'alâ-l-âkâmi wa z-zirâbi wa boutûni-l-awdiyati wa manâbiti sh-shajari.

Traducción

"Oh Allah, deja que la lluvia caiga sobre los alrededores y no sobre nosotros. Oh Allah, dirígela a los pastos (colinas), montañas, cuencas de ríos (valles) y plantaciones. »

Fuente : al-Bukhari (1013, 1/224) y Mouslim (897, 2/614).

51. DU'A CUANDO VEAMOS LA LUNA NUEVA

اللّهُ أَكْبَرُ، اللَّهُمَّ أَهِلَّهُ عَلَيْنَا بِالأَمْنِ وَالإِيْمَانِ، وَالسَّلامَةِ والإِسْلامِ، وَالتَّوْفِيْقِ لِمَا تُحِبُّ رَبَّنَا وَتَرْضَى، رَبُّنَا وَرَبُّكَ اللّهُ

Alá es el más grande. Allâhoumma ahillahou 'alaynâ bi-l-amni, wa-l-îmâni, wa s-salâmati, wa-l-islâmi, wa t-tawfîqi limâ touhibbou rabbanâ wa tardâ. Rabbounâ wa rabbouka l-lâhou.

Traducción

" Alá es el más grande ! Oh Allah, tráenos con esta luna nueva seguridad y fe, salvación e Islam, así como éxito en todo lo que amas y aceptas. Nuestro Señor y vuestro Señor es Allah. »

Fuente : at-Tirmidhi (3451, 5/405) y ad-Darimi (1/336). Véase también Sahih at-Tirmidhi (3/157).

52. DU'A DURANTE EL IFTAR, ROMPIENDO EL AYUNO

ذَهَبَ الظَّمَأُ، وَابْتَلَّتِ الْعُرُوقُ، وَثَبَتَ الْأَجْرُ إِنْ شَاءَ اللّهُ

Dhahaba z-zama u wa btallati-l-'ouroûqou wa thabata-l-ajrou in shâ a l-lâhou.

Traducción

"La sed se apaga, las venas se riegan y la recompensa permanecerá en la voluntad de Allah. »

Fuente : Abu Dawoud (2357, 2/306). Véase también Sahih al Jami' (4678, 4/209).

53. DU'A AL COMIENZO DE LA COMIDA.

بِسْمِ اللهِ فِي أَوَّلِهِ وَآخِرِهِ

Bismillahi. (Bismillahi fî awwalihi wa âkhirihi).

Traducción

" En el nombre de Alá. » Si lo olvidamos y lo recordamos cuando comemos, decimos: "En el nombre de Allah al principio y al final".

Fuente : Abou Dawoud (3767, 3/347) y at-Tirmidhi (1858, 4/288). Véase también Sahih at-Tirmidhi (2/167).

54. DU'A AL FINAL DE LA COMIDA.

الْحَمْدُ لِلَّهِ الَّذِي أَطْعَمَنِي هَذَا، وَرَزَقَنِيْهِ، مِنْ غَيْرِ حَوْلٍ مِنِّي وَلَا قُوَّةٍ

Alhamdoulillahi ladhi at'amanî hâdhâ wa razaqanîhi min ghayrin hawlin minnî wa lâ qouwwatin.

Traducción

"Alabado sea Allah, quien me ha concedido este alimento y me lo ha concedido sin poder ni fuerza de mi parte. »

Fuente : Abou Dawoud (4023), at-Tirmidhî (3458) e Ibn Majah (3285). Véase también Sahih at-Tirmidhî (3/159).

55. DU'A DEL INVITADO POR SU ANFITRIÓN

اللَّهُمَّ بَارِكْ لَهُمْ فِيْمَا رَزَقْتَهُمْ، وَاغْفِرْ لَهُمْ، وَارْحَمْهُمْ

Allâhoumma bârik lahoum fîmâ razaqtahoum wa ghfir lahoum wa rhamhoum.

Traducción

"Oh Allah, bendícelos con lo que les has dado como sustento, perdónalos y ten misericordia de ellos. »

Fuente : Mouslim (2042, 3/1615).

56. DU'A AL QUE OFRECE COMIDA O BEBIDA.

اللَّهُمَّ أَطْعِمْ مَنْ أَطْعَمَنِي، وَاسْقِ مَنْ سَقَانِي

Allâhoumma at'im man at'amanî wa sqi man saqânî.

Traducción

"Oh Allah, alimenta al que me alimentó y dale de beber al que me dio de beber. »

Fuente : *Mouslim (2055, 3/1626).*

57. DU'A AL ROMPER EL AYUNO EN LA CASA DE ALGUIEN.

أَفْطَرَ عِنْدَكُمُ الصَّائِمُونَ، وَأَكَلَ طَعَامَكُمُ الأَبْرَارُ، وَصَلَّتْ عَلَيْكُمُ المَلائِكَةُ

Aftara 'indakoumou s-sâ imûna, wa akala ta'âmakoumou-l-abrârou, wa sallat 'alaykoumou-l-malâ ikatou.

Traducción

"Que el ayuno coma de ti, que los justos tomen de tu alimento y que los ángeles oren por ti. »

Fuente : Abu Dawoud (3854, 3/367), Ibn Majah (1747, 1/556) y an-Nasai en 'Amal al-Yawm wa al-Laylah [296-298]. Al-Albani lo autenticó en Sahih Abi Dawoud (2/730).

58. DU'A SI ALGUIEN ES INSULTADO DURANTE EL AYUNO.

إِنِّي صَائِمٌ، إِنِّي صَائِمٌ

Inni sâim. Inni sâim.

Traducción

"Ayuno, ayuno. »

Fuente : al-Bukhari (1894, 4/103) y Mouslim (1151, 2/806).

59. DU'A AL ESTORNUDAR

(1)الْحَمْدُ للهِ

(2)يَرْحَمُكَ اللهُ

(3)يَهْدِيْكُمُ اللهُ وَيُصْلِحُ بَاَلَكُمْ

Alhamdoulillahi.

Yarhamouka l-lahou.

Yahdîkoumou l-lâhou wa youslihu bâlakoum.

Traducción

"Cuando uno de ustedes estornude, que diga: (1) "Alabado sea Allah", luego su hermano o compañero debe responder : (2) "Que Allah tenga misericordia de ustedes". » Y el que estornudó responde diciendo (3) "Que Allah te guíe y mejore tu condición/situación. »

Fuente : al-Bujari (6224, 7/125).

60. DU'A EN LA BODA

بَارَكَ اللّٰهُ لَكَ، وَبَارَكَ عَلَيْكَ، وَجَمَعَ بَيْنَكُمَا فِي خَيْرٍ

Bâraka l-lâhou laka, wa bâraka 'alayka, wa jama'a baynakoumâ fî khayrin.

Traducción

" Que Allah os bendiga (el matrimonio), os bendiga y os una en la felicidad. »

Fuente : *Abou Dawoud (2130), at-Tirmidhi (1091) e Ibn Majah (1905). Véase también Sahih Ibn Majah (1/324).*

61. DU'A DESPUÉS DE CASARSE

اللّهُمَّ إِنِّي أَسْأَلُكَ خَيْرَهَا، وَخَيْرَ مَا جَبَلْتَهَا عَلَيْهِ، وَأَعُوذُ بِكَ مِنْ شَرِّهَا، وَشَرِّ مَا جَبَلْتَهَا عَلَيْهِ

Allâhoummma innî as alouka khayrahâ, wa khayra mâ jabaltahâ 'alayhi. Wa a'oudhou bika min sharrihâ wa sharri mâ jabaltahâ 'alayhi.

Traducción

"Oh Allah, te pido por su beneficio y el beneficio que has hecho una naturaleza en él (él), y me pongo bajo tu protección contra su mal y el mal que has hecho una naturaleza en él (él). "

Fuente : Abou Dawoud (2160, 2/248) e Ibn Majah (1918, 1/617). Véase también Sahih Ibn Majah (1/324).

62. DU'A ANTES DE LAS RELACIONES ÍNTIMAS

بِسْمِ اللّهِ، اللَّهُمَّ جَنِّبْنَا الشَّيْطَانَ، وَجَنِّبِ الشَّيْطَانَ مَا رَزَقْتَنَا

Bismillahi. Allâhoumma jannibnâ sh-shaytâna, wa jannibi sh-shaytâna mâ razaqtanâ.

Traducción

" En el nombre de Alá. Oh Allah, aleja al diablo de nosotros y aleja al diablo de lo que nos has otorgado. »

Fuente : al-Bukhari (3271, 6/141) y Mouslim (1434, 2/1028).

63. DU'A CUANDO ESTAMOS ENOJADOS

أَعُوذُ بِاللهِ مِنَ الشَّيْطَانِ الرَّجِيْمِ

A'oudhou billâhi mina sh-shaytâni r-rajîm.

Traducción

"Me pongo bajo la protección de Allah contra Satán el desterrado/lapidado. »

Fuente : al-Bukhari (6048, 7/99) y Mouslim (2610, 5/2015).

64. DU'A CUANDO VEMOS A UNA PERSONA QUE ESTÁ SUFRIENDO

الْحَمْدُ لِلَّهِ الَّذِيْ عَافَاني مِمَّا ابْتَلاكَ بِهِ، وَفَضَّلَنِي عَلَى كَثِيْرٍ مِمَّنْ خَلَقَ تَفْضِيْلاً

Alhamdoulillahi l-ladhî 'âfânî mimmâ btalâka bihi wa faddalanî 'alâ kathîrin mimman khalaqa tafdîlan.

Traducción

"Alabado sea Allah, quien me ha preservado de las pruebas que os afligen y me ha preferido a muchas de Sus criaturas. »

Fuente: at-Tirmidhi (3432, 5/493, 494). Véase también Sahih at-Tirmidhi (3/153).

65. DU'A DURANTE UNA SESIÓN O REUNIÓN

رَبِّ اغْفِرْ لي، وَتُبْ عَلَيَّ، إِنَّكَ أَنْتَ التَّوَّابُ الغَفُورُ

Rabino ghfir lî wa toub 'alayya. Innaka anta t-tawwâbou-l-ghafoûr.

Traducción

"Mi Señor, perdóname y acepta mi arrepentimiento. De hecho, Tú eres Quien Acepta y Perdona. »

Fuente : at-Tirmidhi (3432). Véase también Sahih at-Tirmidhi (3/153) y Sahih Ibn Majah (2/321).

66. DU'A PARA CERRAR UNA REUNIÓN, UN DISCURSO.

سُبْحَانَكَ اللَّهُمَّ وَبِحَمْدِكَ، أَشْهَدُ أَنْ لَا إِلَهَ إِلَّا أَنْتَ، أَسْتَغْفِرُكَ وَأَتُوبُ إِلَيْكَ

Soubhânaka l-lâhoumma wa bi-hamdika. Ash-hadou an lâ ilâha illâ anta, astaghfirouka wa atûbou ilayka.

Traducción

"Gloria y pureza a Ti, oh Allah, y alabanza a Ti. Testifico que no hay más dios que Tú. Te pido perdón y me arrepiento ante Ti"

Fuente : Abu Dawoud (4859), at-Tirmidhi (3433) y an-Nasai en 'Amal al-Yawm wa al-Laylah (397). Véase también Sahih at-Tirmidhi (3/153).

67. DU'A PARA RESPONDER A UNA SOLICITUD DE PERDÓN

وَلَكَ

Wa laka.

Traducción

" A ti tambien. »

Fuente : Ahmed (5/82) y an-Nasai en *'Amal al-Yawm wa al-Laylah (p.218).*

68. DU'A AL QUE TE HACE UN FAVOR.

جَزَاكَ اللّٰهُ خَيْراً

Jazâka l-lâhou khayran.

Traducción

"Que Allah os recompense bien. »

Fuente : at-Tirmidhi (2035). Véase también Sahih al Jami' (6244) y Sahih at-Tirmidhi (2/200).

69. DU'A PARA PROTEGERSE DEL FALSO MESÍAS (EL DAJJAL)

مَنْ حَفِظَ عَشَرَ آيَاتٍ مِنْ أَوَّلِ سُورَةِ الكَهْفِ، عُصِمَ مِنَ الدَّجَّالِ

Man ḥafiẓa 'ashara āyātin min awwali sūrati al-Kahfi, 'uṣima mina al-Dajjāl.

Traducción

Quien memorice diez versos del comienzo de Surah Al-Kahf estará protegido contra el Anticristo (Dajjal).

Fuente : *Mouslim (809, 1/555).*

أَحَبَّكَ الَّذِيْ أَحْبَبْتَنِي لَهُ

Ahabbaka l-ladî ahbabtani lahou.

Traducción

"Que os ame Aquel por quien tú me amaste. »

Fuente : Abou Dawoud (5125, 4/333) y al-Albani lo autenticó en Sahih Abi Dawoud (3/965).

71. DU'A PARA EL QUE DONA

بَارَكَ اللهُ لَكَ فِي أَهْلِكَ وَمالِكَ

Bâraka l-lâhou laka fî ahlika wa mâlika.

Traducción

"Que Allah te bendiga en tu familia y en tu propiedad. »

Fuente : *Abou Dawoud (5125, 4/333) y al-Albani lo declaró hassan en Sahih Abi Dawoud (3/965).*

72. DU'A AL SALDAR UNA DEUDA CON EL DEUDOR

بَارَكَ اللّهُ لَكَ فِي أَهْلِكَ وَمالِك، إِنَّمَا جَزَاءُ السَّلَفِ الْحَمْدُ والأَدَاءُ

Bâraka l-lâhou laka fî ahlika wa mâlika. Innamâ jazâ u s-salafi-l-hamdou wa-l- adâ.

Traducción

"Que Allah bendiga a vuestra familia y vuestra propiedad; las recompensas de la deuda son el elogio y la absolución. »

Fuente : an-Nasai en 'Amal al-Yawm wa al-Laylah (372, p.300) e Ibn Majah (2424, 2/809). *Véase también Sahih Ibn Majah (2/55).*

73. DU'A CUANDO TEMEMOS CAER EN SHIRK

اللَّهُمَّ إِنِّي أَعُوذُبِكَ أَنْ أُشْرِكَ بِكَ وَأَنَا أَعْلَمُ، وَأَسْتَغْفِرُكَ لِمَا لَا أَعْلَمُ

Allâhoumma innî a'oudhou bika an ushrika bika wa anâ a'lamou, wa astaghfirouka li-mâ lâ a'lam.

Traducción

"Oh Allah, me pongo bajo Tu protección para no asociarme conscientemente contigo y te pido perdón por aquello de lo que no soy consciente. »

Fuente : Ahmed (4/403). Véase también Sahih al Jami' (3731, 3/233) y Sahih at-Targhib wa at-Tarhib (36, 1/122) de al-Albani.

74. DU'A PARA RESPONDER A ALGUIEN QUE NOS AGRADECE.

وَفِيْكَ بَارَكَ اللهُ

Wa fîka bârakallah

Traducción

"Que Allah os bendiga a vosotros también. »

Fuente : Ibn al-sounni (278, p.138). Véase también Ibn Qayyim en al-Wabil as-Sayyib (p.304).

75. DU'A CONTRA LOS MALOS AUGURIOS

اللَّهُمَّ لَا طَيْرَ إِلَّا طَيْرُكَ، وَلَا خَيْرَ إِلَّا خَيْرُكَ، وَلَا إِلَهَ غَيْرُكَ

Allâhoumma, lâ tayra illâ tayrouka, wa lâ khayra illâ khayrouka, wa lâ ilâha ghayrouka.

Traducción

"Oh, no hay augurio excepto Tu augurio y no hay bien excepto lo que Tú concedes. No hay mal excepto lo que Tú decretas. Y no hay otro dios fuera de ti. »

Fuente : Ahmed (2/220) e Ibn al-Sounni. Al-Albani lo autenticó en al-Ahadiths as-Sahiha.

76. DU'A CUANDO REGRESAMOS DE UN VIAJE.

اللّهُ أَكْبَرُ، اللّهُ أَكْبَرُ، اللّهُ أَكْبَرُ، لَا إِلَهَ إِلَّا اللّهُ وَحْدَهُ لَا شَرِيْكَ لهُ، لهُ المُلْكُ ولَهُ الحَمْدُ، هُوَ عَلَى كُلِّ شَيْءٍ قَدِيْرٌ، آيِبُونَ، تَائِبُونَ، عَابِدُونَ، لِرَبِّنَا حَامِدُونَ، صَدَقَ اللّهُ وَعْدَهُ، وَنَصَرَ عَبْدَهُ، وَهَزَمَ الأَحْزَابَ وَحْدَهُ

Allâhou akbar, Allâhou akbar, Allâhou akbar.Lâ ilâha illâ l-lâhou, wahdahou la sharîka lahou, lahou-l-moulkou wa lahou-l-hamdou, wa houwa 'alâ koulli shay in qadîroun. Âyibûna, tâ ibûna, 'âbidouna, li-rabbinâ hâmidoun. Sadaqa l-lâhou wa'dahou, wa nasara 'abdahou wa hazama-l-ahzâba wahdahou.

Traducción

"Alá es el Más Grande, Alá es el Más Grande, Alá es el Más Grande. No hay más dios que Allah Uno, sin pareja. Suyo es el reino, suya es la alabanza y Él es capaz de todo. Aquí estamos, regresando arrepentidos, adorando a nuestro Señor y alabandolo. Allah cumplió Su promesa, rescató a Su siervo y él solo derrotó a los aliados. »

Fuente : al-Bukhari (1797, 7/163) y Mouslim (1344, 2/980).

77. DU'A ORACIÓN DEL VIAJERO CUANDO SE ACERCA EL AMANECER

سَمَّعَ سَامِعٌ بِحَمْدِ اللّهِ، وَحُسْنِ بَلاَئِهِ عَلَيْنَا، .رَبَّنَا صَاحِبْنَا، وَأَفْضِلْ عَلَيْنَا عَائِذاً بِاللهِ مِنَ النَّارِ

Samma'a sâmi'oun bi-hamdi l-lâhi, wa husni balâ ihi 'alayna. Rabbanâ sâhibnâ wa afdil 'alaynâ 'â idhan billâhi mina n-nâr.

Traducción

"Que un testigo dé testimonio de nuestra alabanza a Allah por todas Sus bendiciones y Su gran generosidad hacia nosotros. Señor, sé nuestro compañero protegiéndonos y otorgándonos Tus bendiciones. Busco protección de Allah contra el castigo del infierno. »

Fuente : *Mouslim (2718, 4/2086).*

78. DU'A CUANDO ESTÉS EN UN NUEVO PAÍS

اللَّهُمَّ رَبَّ السَّمَوَاتِ السَّبْعِ وَمَا أَظْلَلْنَ، وَرَبَّ الْأَرَاضِيْنَ السَّبْعِ وَمَا أَقْلَلْنَ، وَرَبَّ الشَّيَاطِيْنِ وَمَا أَضْلَلْنَ، وَرَبَّ الرِّيَاحِ وَمَا ذَرَيْنَ، أَسْأَلُكَ خَيْرَ هَذِهِ الْقَرْيَةِ وَخَيْرَ أَهْلِهَا، وَخَيْرَ مَا فِيْهَا، وَأَعُوذُ بِكَ مِنْ شَرِّهَا، وَشَرِّ أَهْلِهَا، وَشَرِّ مَا فِيْهَا

Allâhoumma rabba s-samâwâti s-sab'i wa mâ zzlalna, wa rabba-l-aradîna s-sab'i wa mâ aqlalna, wa rabba sh-shayâtîni wa mâ adlalna, wa rabba r-riyâhi wa mâ dharayna. Como aloukakhayra hâdhihi-l-qaryati wa khayra ahlihâ wa khayra mâ fîhâ, wa a'oudhou bika min sharrihâ wa sharri ahlihâ wa sharri mâ fîhâ.

Traducción

"Oh Allah, Señor de los 7 cielos y de lo que cubren, Señor de las 7 tierras y de lo que transportan, Señor de los demonios y de aquellos a quienes extravían, Señor de los vientos y de lo que esparcen. Te pido por el bien de esta ciudad, el bien de sus habitantes y el bien de lo que allí hay. Y me pongo bajo Tu protección contra el mal de esta ciudad, el mal de sus habitantes y el mal que allí hay. »

Fuente : al-Hakim (2/100) y lo autenticó y ad-Dhahabi es de la misma opinión, Ibn al-sounni (524), al-Hafiz lo declaró hassan en Takrij al-Adhkar (5/154).

79. DU'A CUANDO LLEGUEMOS AL MERCADO.

لَا إِلَهَ إِلَّا اللّهُ وَحْدَهُ لَا شَرِيْكَ لَهُ، لَهُ المُلْكُ وَلَهُ الحَمْدُ، يُحْيِي وَيُمِيْتُ، وَهُوَ حَيٌّ لَا يَمُوتُ، بِيَدِهِ الخَيْرُ، وَهُوَ عَلَى كُلِّ شَيْءٍ قَدِيْرٌ

Lâ ilâha illâ l-lâhou, wahdahou lâ sharîka lahou, lahou-l-moulkou wa lahou-l-hamdou, youhyî wa youmîtou, wa houwa hayyoun lâ yamûtou, bi-yadihi-l-khayrou, wa houwa 'alâ koulli shay in qadîr .

Traducción

"No hay más dios que Alá Uno, sin pareja. A Él es el reino, a Él la alabanza, Él da vida y da muerte. Él está vivo y nunca morirá. El bien está en Su mano y Él es capaz de todo. »

Fuente : at-Tirmidhi (3429, 5/291), al-Hakim (1/538) e Ibn Majah (2235). Al-Albani lo clasificó como hassan en Sahih Ibn Majah (21/2) y Sahih at-Tirmidhi (3/152)

80. DU'A CUANDO TROPEZAMOS O RESBALAMOS

بِسْمِ اللّهِ

Bismillah.

Traducción

" En el nombre de Alá. »

Fuente : Abou Dawoud (4982, 4/296). Al-Albani lo autenticó en Sahih Abi Dawoud (3/941).

81. DU'A PARA DECIR ADIÓS A TU FAMILIA.

أَسْتَوْدِعُكُمُ اللّٰهَ، الَّذِيْ لَا تَضِيْعُ وَدَائِعُهُ

Astawdi'oukoumou l-lâha l-ladhî lâ tadî'ou wadâ i'ouhou.

Traducción

"Os encomiendo a Allah, cuyos depósitos confiados nunca se pierden. »

Fuente : Ahmed (2/403) e Ibn Majah (2825, 2/943). Véase también Sahih Ibn Majah (2/133).

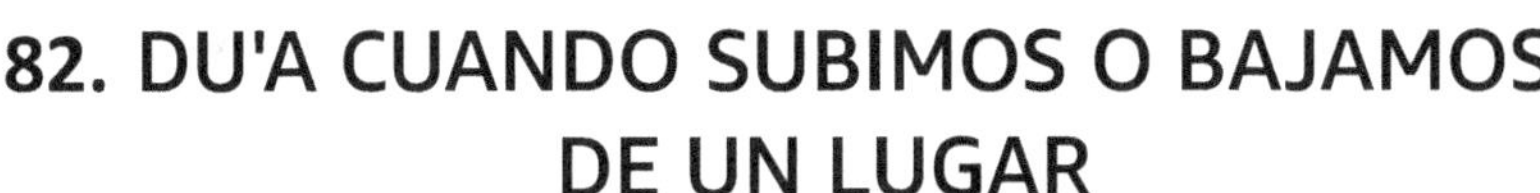

82. DU'A CUANDO SUBIMOS O BAJAMOS DE UN LUGAR

(١)اللهُ أَكْبَرُ

(٢)سُبْحَانَ اللهُ

Alá es el más grande.

Subhanallah.

Traducción

(1) Cuando subimos, decimos: "Allahu akbar. »

(2) Cuando bajamos: "Allahu akbar. »

Fuente : al-Bukhari (2993, 6/135).

83. DU'A CUANDO DUERMES BAJO LAS ESTRELLAS, AL AIRE LIBRE.

أَعُوذُ بِكَلِمَاتِ اللّٰهِ التَّامَّاتِ مِنْ شَرِّ مَا خَلَقَ

A'oudhou bi-kalimâti l-lâhi t-tâmmâti min sharri mâ khalaq.

Traducción

"Busco refugio en las perfectas palabras de Allah contra la maldad de lo que Él ha creado. »

Fuente : Mouslim (2708, 4/2080).

84. DU'A CUANDO RECIBIMOS BUENAS O MALAS NOTICIAS.

الحَمْدُ لِلَّهِ الَّذِيْ بِنِعْمَتِهِ تَتِمُّ الصَّالِحَاتُ (٢) الحَمْدُ لِلَّهِ عَلَى كُلِّ (١)
حَالٍ

Alhamdoulillâhi l-ladhî bi-ni'matihi tatimmou s-sâlihâtou.Alhamdoulillâhi 'alâ koulli halin.

Traducción

(1) "Cuando uno recibe buenas noticias: "Alabado sea Allah, por cuya gracia suceden las cosas buenas". »(2) Cuando se trata de malas noticias: "Alabado sea Allah en todas las circunstancias. »

Fuente : Ibn al-sounni en 'Amal al-Yawm wa al-Laylah (378) y al-Hakim (1/499) y lo autenticó. Al-Albani lo autenticó en Sahih al Jami' (4640, 4/201).

85. DU'A DEVUELVE EL SALAM A UN INCRÉDULO KAFIR

ﻱ عَلَيْكُمْ

Wa 'alaykoum.

Traducción

"Y tu tambien." »

Fuente : al-Bukhari (6258, 11/42) y Mouslim (2163, 4/1705).

86. DU'A CUANDO ESCUCHAS PERROS LADRAR POR LA NOCHE

أَعُوذُ بِاللهِ مِنَ الشَّيْطَانِ الرَّجِيْم

A'oudhou billâhi mina sh-shaytâni r-rajîm.

Traducción

"Si oyes el ladrido de los perros o el rebuzno de los asnos por la noche, busca refugio en Allah porque ellos ven lo que tú no ves. »

Fuente : Abou Dawoud (5103, 4/327) y Ahmed (3/306). Al-Albani lo autenticó en Sahih Abi Dawoud (3/961).

87. DU'A CUANDO HAS TRATADO MAL A ALGUIEN

اللَّهُمَّ فَأَيُّمَا مُؤْمِنٍ سَبَبْتُهُ؛ فَاجْعَلْ ذَلِكَ لَهُ قُرْبَةً إِلَيْكَ يَوْمَ القِيَامَةِ

Allâhoumma fa-ayyoumâ mou minin sababtouhou, fa-j'al dhâlika lahou qourbatan ilayka yawma-l-qiyâmati.

Traducción

"Oh Allah, a cada creyente a quien he insultado, haz de este insulto un medio para acercarse a Ti en el Día de la Resurrección. »

Fuente : *al-Bukhari (6361, 11/171) y Mouslim (2601, 4/2007).*

88. CUANDO DICES COSAS BUENAS DE ALGUIEN

قَالَ : ﷺ إِذَا كَانَ أَحَدُكُمْ مَادِحاً صَاحِبَهُ لَا مَحَالَةَ؛ فَلْيَقُل: أَحْسِبُ فُلَانًا وَ اللّٰهُ حَسِيْبُهُ، ولَا أُزَكِّي عَلَى اللّٰهِ أَحَداً: أَحْسِبُهُ –إِنْ كَانَ يَعْلَمُ ذَاكَ –كَذَا و كَذَا

Q ā la sallall ā hu 'alayhi wa sallam: 'Idh ā k ā na a ḥ adukum m ā dihan ṣāḥ ibahu l ā ma ḥā lata; falyaqul: 'A ḥ sibu ful ā nan, wa All ā hu ḥ as ī buhu, wa l ā uzaqq ī 'al ā All ā hi a ḥ adan: a ḥ sibuhu – in k ā na y'alamu dh ā ka – ka ḏā wa ka ḏā .

Traducción

El Profeta, la paz y las bendiciones sean con él, dijo: 'Si alguno de ustedes debe elogiar a su compañero por necesidad, que diga: Considero a esa persona (y menciona su nombre), y c Depende de Allah Lo juzgo, y no purifico a nadie ante Allah, pero creo que lo es (y menciona lo que piensa de él si realmente lo cree).

Fuente : *Mouslim (3000, 4/2296) y al-Bukhari (2662).*

89. DU'A CUANDO RECIBES ELOGIOS

اللَّهُمَّ لَا تُؤَاخِذْنِي بِمَا يَقُولُونَ، ي اغْفِرْ لِي مَا لاَ يَعْلَمُونَ [وَ اجْعَلْنِي خَيْراً مِمَّا يَظُنُّونَ]

Allâhoumma lâ tou âkhidhnî bi-mâ yaqûlûna, wa ghfir lî mâ lâ ya'lamoun, [wa j'alnî khayran mimmâ yazunnûn]

Traducción

"Oh Allah, no me castigues por lo que dicen, perdóname por lo que no saben [y hazme mejor de lo que piensan de mí]"

Fuente : al-Bukhari en Adab al-moufrad (761) y al-Albani lo declaró hassan en Sahih Adab al-moufrad (585). La adición entre corchetes es de al-Bayhaqi .

90. DU'A CUANDO TE SORPRENDEN GRATAMENTE.

سُبْحَانَ اللهِ !

Soubhâna l-lâh.

Traducción

"Gloria y pureza a Allah. »

Fuente : al-Bukhari (155, 1/210), (283, 1/390) y Mouslim [371], [314] (414), [332] (4/1857).

91. DU'A CUANDO RECIBIMOS BUENAS NOTICIAS.

كَانَ النَّبِيُّ ﷺ إِذَا أَتَاهُ أَمْرٌ يَسُرُّهُ أَوْ يُسَرُّ بِهِ؛ خَرَّ سَاجِداً شُكْراً لله تَبَارَكَ
وَ تَعَالَى

K ā na al-nab ī yu sallall ā hu 'alayhi wa sallam idh ā at ā hu amrun yasurruhu aw yusarru bihi; kharr s ā jidan shukran lill ā hi tab ā raka wa ta' ā l ā .

Traducción

El Profeta, que la paz y las bendiciones sean con él, cuando recibía un asunto que lo deleitaba o le complacía, se postraba en agradecimiento a Allah, el Bendito y el Altísimo.

Fuente : Abou Dawoud (2774), at-Tirmidhi (1578) e Ibn Majah (1394). Véase también Sahih Ibn Majah (1/233) e Irwa' al-Ghalil (2/226).

92. DU'A CUANDO TIENES DOLOR EN ALGUNA PARTE DEL CUERPO.

بِسْمِ اللهِ (ثَلاثاً) أَعُوذُ بِاللهِ وَقُدْرَتِهِ مِنْ شَرِّ مَا أَجِدُ وَأُحَاذِرُ (سَبْعَ مَرَّاتٍ)

Bismillâhi (3 veces). A'oudhou billâhi wa quoudratihi min sharri mâ ajidou wa uhâdhirou (7 veces)

Traducción

Coloque su mano en el área del dolor y diga "En el nombre de Allah. » (3 veces) seguido de: "Me pongo bajo la protección de Allah y Su poder contra el mal que siento y que trato de mantener alejado" (7 veces). »

Fuente : Mouslim (2202, 4/1728).

93. DU'A DE PROTECCIÓN CONTRA EL MAL DE OJO.

اللَّهُمَّ بَارِك عَلَيْهِ

Allâhoumma bârik 'alayhi.

Traducción

"Si uno de vosotros ve en su hermano, en sí mismo o en sus posesiones algo que le agrada, que invoque las bendiciones de Allah porque el mal de ojo es ciertamente una verdad. »

Fuente : Ahmed (4/447), Ibn Majah (3509) y Malik (1697-98). Al-Albani lo autenticó en Sahih al Jami' (556, 1/212).

94. DU'A CUANDO TENEMOS MIEDO

لَا إِلَهَ إِلَّا اللّهُ

Lâ ilâha illâ l-lâhou.

Traducción

"No hay Dios más que Alá. »

Fuente : al-Bukhari (3346, 6/381) y Mouslim (2880, 4/2208).

95. DU'A CONTRA EL ENGAÑO Y LA ASTUCIA DE LOS CHAYATINS REBELDES

أَعُوذُ بِكَلِمَاتِ اللهِ التَّامَّاتِ، الَّتِي لَا يُجَاوِزُهُنَّ بَرٌّ ولَا فَاجِرٌ مِنْ شَرِّ مَا خَلَقَ، وبَرَأَ وذَرَأَ، ومِنْ شَرِّ مَا يَنْزِلُ مِنَ السَّمَاءِ، ومِنْ شَرِّ مَا يَعْرُجُ فِيْهَا، ومِنْ شَرِّ مَا ذَرَأَ فِي الأَرْضِ، ومِنْ شَرِّ مَا يَخْرُجُ مِنْهَا، ومِنْ شَرِّ فِتَنِ اللَّيْلِ والنَّهَارِ، ومِنْ شَرِّ كُلِّ طَارِقٍ إِلَّا طَارِقاً يَطْرُقُ بِخَيْرٍ يَا رَحْمَنُ

A'oudhou bi-kalimâti l-lâhi t-tâmmâti l-lâti lâ youjâwaizuhounna barroun wa lâ fâjiroun min sharri mâ khalaqa wa bara a wa dhara a, wa min sharri mâ yanzilou mina s-amâ'i wa min sharri mâ ya'roujouhou fîhâ, wa min sharri mâ dhara a fî-l-ardi wa min sharri mâ yakhroujou minhâ, wa min sharri fitani l-layli wa n-nahâri, wa min sharri koulli târiqin illâ târiqan yatrouqou bi-khayrin yâ rahmân.

Traducción

Busco refugio en las palabras perfectas de Dios, que ni el justo ni el inmoral pueden ignorar, del mal de lo que Él ha creado, absuelto y proliferado, y del mal de lo que desciende del cielo, y del mal. de lo que sube. y del mal que derrama sobre la tierra, y del mal que de ella sale, y del mal de las tentaciones del día y de la noche. Y el daño de todo aquel que golpea, excepto del que golpea con bondad, oh Misericordioso.

Fuente : Ahmed (3/419) con una cadena sahiha, Ibn al-sounni (637). Véase también Majma' al-Zawaʾ id (10/127)

96. DU'A PARA PEDIR PERDÓN A ALLAH

قَالَ رَسُولُ اللهِ ﷺ : وَ اللهِ إِنِّي لَأَسْتَغْفِرُ اللهَ و أ تُوبُ إِلَيْهِ فِي اليَوْمِ أَكْثَرَ مِنْ سَبْعِيْنَ مَرَّةٍ

Astaghfirou l-lâha-l-'azîma l-ladhî lâ ilâha illâ houwa-l-hayyou-l-qayyûmou, wa atûbou ilayhi.

Traducción

"Pido perdón a Allah aparte de quien no hay otra divinidad, la Poderosa, la Viviente, que asegura el buen funcionamiento y el sustento de todas las cosas y vuelvo a Él. »

Fuente : al-Bujari (6307, 11/101).

97. LA RECOMPENSA DEL DHIKR.

قَالَ رَسُولُ اللّهِ ﷺ مَنْ قَالَ: سُبْحَانَ اللّهِ ﮞ بِحَمْدِهِ فِي يَومٍ مِئَةَ مَرَّةٍ، حُطَّتْ خَطَايَاهُ، ﮞ لَو كَانَتْ مِثْلَ زَبَدِ البَحْرِ

Soubhânallâhi wa bi-hamdihi.

Traducción

Le prophète (sallallahou 'alayhi wa sallam) a dit : Quiconque répète "Gloire, pureté et Louange à Allah", 100 fois pendant la journée, verra ses fautes effacées, fussent-elles comme l'écume de la mer. » (100 fois por día)

Fuente : al-Bukhari (6405, 7/168) y Mouslim (2691, 4/2071).

98. CONTANDO EL DHIKR CON LA MANO DERECHA.

عَنْ عَبْدِ اللهِ بْنِ عَمْروٍ قَالَ: رَأَيْتُ النَّبِيَّ يَعْقِدُ التَّسْبِيْحَ بِيَمِيْنِهِ

An 'Abdill ā h ibn 'Amrin q ā la: Ra'aytu an-nab ī ya ya'qidu at-tasb īḥ a biyam ī nihi.

Traducción

Según Abdallah ibn Amr, dijo: Vi al Profeta ﷺ haciendo tasb īḥ (la glorificación de Dios: Subhanallah) con su mano derecha.

Fuente : Abou Dawoud (1502, 2/81) y at-Tirmidhi (3486, 5/521). Véase también Sahih al Jami' (4865, 4/271).

99. LA RECOMPENSA CUANDO ORAMOS POR EL PROFETA ﷺ

قَالَ ﷺ : مَنْ صَلَّ عَلَيَّ صَلاةً صَلَّ اللهُ عَلَيْهِ بِهَا عَشَراً

Allâhoumma salli 'alâ mouhammadin wa 'alâ âli mouhammadin kamâ sallayta 'alâ Ibrâhîma wa 'alâ âli Ibrâhîma. Innaka hamîdoun, majîd. Allâhoumma bârik 'alâ mouhammadin wa 'alâ âli mouhammadin kamâ bârakta 'alâ Ibrâhîma wa 'alâ âli Ibrâhîma. Innaka hamîdoun, majîd.

Traducción

El Profeta (sallallahu 'alayhi wa sallam) dijo: "Quien rece una oración por mí, Allah le concederá Su misericordia 10 veces. »

Fuente : Mouslim (408, 1/288).

BONO DE AUDIO

Además de esta colección espiritual, te ofrecemos un bono exclusivo para enriquecer tu experiencia de oración y meditación. Cada du'a de este libro está disponible en versión de audio, una oportunidad única para profundizar en una práctica espiritual más profunda e inmersiva.

Acceso al Bono de Audio

Para acceder a estas grabaciones de audio, visite nuestro canal de YouTube especialmente dedicado a este proyecto: **https://www.youtube.com/@99-duas**

En esta plataforma encontrarás todos los du'a del libro, recitados con claridad para que puedas repetirlos. Estas grabaciones están diseñadas para acompañarte en tu vida diaria, permitiéndote escuchar y meditar sobre estas sagradas invocaciones dondequiera que estés.

Le recomendamos que utilice estas grabaciones como complemento de su lectura. Escuchar las 99 du'as en audio puede fortalecer su comprensión y memorización de estas oraciones. También es una excelente manera para quienes deseen aprender la correcta pronunciación y melodía de las invocaciones.

No olvides apoyar al autor dejando tu reseña en Amazon.

NOTAS LEGALES

99 DUAS

PARA ATRAER EL BIEN, EL ÉXITO Y LA SALUD
TARIQ AL-HIKMAH

Editorial: Independently published
Impresora: Amazon- Alemania
ISBN: 9798879822069
Depósito legal: marzo 2024